zum Leuchten zu bringen. Zum Beispiel, wenn es um seine Zuwendung zu Menschen geht, die keinen Unterschied nach Herkunft oder Religion macht:

Ein Bischof traf sich nach neun Monaten mit Jungpriestern zu einem Erfahrungsaustausch. Nach einigem Zögern begann einer zu berichten: „Bei der Kommunionspendung im Rahmen einer Brautmesse sah ich ein evangelisches Ehepaar nach vorne kommen. Ich geriet in Panik, weil ich nicht wusste, was ich tun sollte. Konnte ich den beiden die Kommunion reichen oder musste ich sie wegschicken? Ich überlegte kurz, wie wohl Jesus in dieser Situation gehandelt hätte." Sofort unterbrach der Bischof den Jungpriester: „Sie werden hoffentlich nicht so gehandelt haben, wie es Jesus getan hätte!"

Bei der Lektüre soll sich das Wort des Zisterziensers Bernhard von Clairvaux (†1153) erfüllen: „Jesus ist Honig im Mund, Gesang im Ohr, Jubel im Herzen."

Roland Breitenbach

Jesus sagte: Ihr seid das Salz der Erde. Wenn das Salz seinen Geschmack verliert, womit kann man es wieder salzig machen? Es taugt zu nichts mehr, außer weggeworfen und von den Leuten zertreten zu werden. Ihr seid das Licht der Welt. Eine Stadt, die auf einem Berg liegt, kann nicht verborgen bleiben. Man zündet auch nicht eine Leuchte an und stellt sie unter den Scheffel, sondern auf den Leuchter; dann leuchtet sie allen im Haus. So soll euer Licht vor den Menschen leuchten, damit sie eure guten Taten sehen und euren Vater im Himmel preisen. **Mt 5,13–16**

Seid Salz der Erde!

Guter Geschmack

Ein Herrscher lud die Würdenträger und Gouverneure zum festlichen Essen ein. Die Suppe wurde serviert, aber sie hatte keinen Geschmack, offenbar hatte man das Salz vergessen. Keiner der Gäste sagte etwas. Auch die anderen Gerichte, so schön sie auch auf silbernen und goldenen Platten angerichtet waren, schmeckten fad und schal. Es fehlte das Salz. Selbst die süße Nachspeise wollte den Gästen nicht schmecken, denn auch ihr hätte eine Prise Salz gutgetan. Niemand aber wagte, das Festessen deswegen zu kritisieren. Als sich die Gäste unter großen Dankesworten verabschiedeten, sagte der Herrscher: „Ich hätte erwartet, dass wenigstens einer von euch sagt: ‚Hier fehlt das Salz!' Was soll aus unserem Land werden, wenn ihr schon in dieser einfachen Sache unfähig seid zu einem kritischen Wort?"

Jesus sagte: Ihr habt gehört, dass gesagt worden ist: Du sollst deinen Nächsten lieben und deinen Feind hassen. Ich aber sage euch: Liebt eure Feinde und betet für die, die euch verfolgen, damit ihr Kinder eures Vaters im Himmel werdet; denn er lässt seine Sonne aufgehen über Bösen und Guten und er lässt regnen über Gerechte und Ungerechte. Wenn ihr nämlich nur die liebt, die euch lieben, welchen Lohn könnt ihr dafür erwarten? Tun das nicht auch die Zöllner? Und wenn ihr nur eure Brüder grüßt, was tut ihr damit Besonderes? Tun das nicht auch die Heiden? Seid also vollkommen, wie euer himmlischer Vater vollkommen ist! Mt 5,43–48

Den Nächsten lieben

Weisheitssuche

Ein junger Mann machte sich auf einen weiten Weg, um Weisheit zu suchen. Nach Monaten kam er zurück und die Leute fragten ihn: „Haben die Weisen in der Ferne dir etwas anderes gesagt als wir?" Der junge Mann antwortete: „Das haben sie allerdings!" „Worin besteht ihre Lehre?", fragten die Leute weiter. „Liebe deinen Feind wie dich selbst." Die Leute meinten überlegen: „Das lehren wir doch auch!" Er antwortete: „Sie lehrten mich, was ihr mich nicht gelehrt habt, den Feind in mir selbst zu lieben."

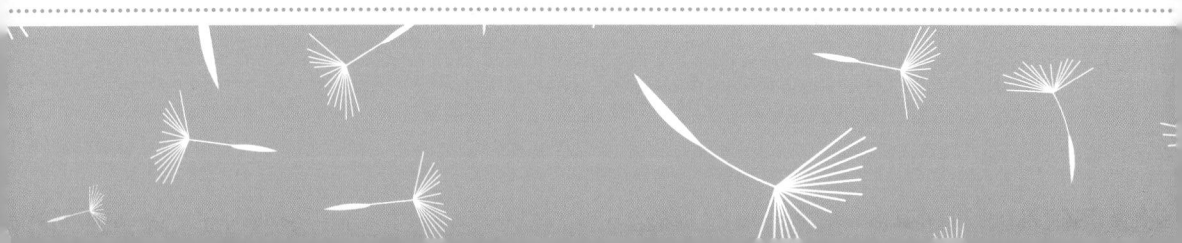

Jesus sagte: Hütet euch, eure Gerechtigkeit vor den Menschen zu tun, um von ihnen gesehen zu werden; sonst habt ihr keinen Lohn von eurem Vater im Himmel zu erwarten. Wenn du Almosen gibst, posaune es nicht vor dir her, wie es die Heuchler in den Synagogen und auf den Gassen tun, um von den Leuten gelobt zu werden! Amen, ich sage euch: Sie haben ihren Lohn bereits erhalten. Wenn du Almosen gibst, soll deine linke Hand nicht wissen, was deine rechte tut, damit dein Almosen im Verborgenen bleibt; und dein Vater, der auch das Verborgene sieht, wird es dir vergelten. Mt 6,1–4

Im Stillen wirken

Zwei Gerechte

Es waren einmal zwei Brüder. Beide hatten von ihrem Vater Äcker geerbt und bebauten sie. Der eine war verheiratet und hatte drei Kinder; der andere war ledig geblieben. Als die Zeit der Getreideernte gekommen war, schnitten sie die Halme, bündelten sie und stellten sie zum Trocknen auf. Als es dunkel geworden war, kam der ledige und trug drei große Getreidebündel auf den Acker seines Bruders, weil er sich dachte: „Mein Bruder hat drei Kinder; er braucht mehr als ich." Vor Sonnenaufgang kam der verheiratete und trug drei besonders große Bündel auf den Acker seines Bruders, weil er sich dachte: „Mein Bruder hat nicht das Glück, Frau und Kinder zu haben; dann soll er wenigstens mehr Getreide bekommen." Als die Sonne aufging, schickte sie ihre Strahlen über zwei Gerechte.

Jesus sagte: Wenn du Almosen gibst, posaune es nicht vor dir her, wie es die Heuchler in den Synagogen und auf den Gassen tun, um von den Leuten gelobt zu werden! Amen, ich sage euch: Sie haben ihren Lohn bereits erhalten. Weiter sagte er: Wenn ihr betet, macht es nicht wie die Heuchler! Sie stellen sich beim Gebet gern in die Synagogen und an die Straßenecken, damit sie von den Leuten gesehen werden. Amen, ich sage euch: Sie haben ihren Lohn bereits erhalten. Und noch dieses: Wenn ihr fastet, macht kein finsteres Gesicht wie die Heuchler! Sie geben sich ein trübseliges Aussehen, damit die Leute merken, dass sie fasten. Amen, ich sage euch: Sie haben ihren Lohn bereits erhalten. **Mt 6,2.5.16**

Christ werden

Lohn des Himmels

Bei der Begegnung mit einer engagierten Christin meinte ein Geschäftsmann, er könnte es sich gut vorstellen, Christ zu werden, wenn es in den Kirchen nicht so viele Heuchler gäbe. Verblüffend war die Antwort der Angesprochenen: „Werden Sie ruhig Christ. Auf einen Heuchler mehr oder weniger kommt es wirklich nicht an!"

Jesus sagte: Wenn ihr betet, macht es nicht wie die Heuchler! Sie stellen sich beim Gebet gern in die Synagogen und an die Straßenecken, damit sie von den Leuten gesehen werden. Amen, ich sage euch: Sie haben ihren Lohn bereits erhalten. Du aber, wenn du betest, geh in deine Kammer, schließ die Tür zu; dann bete zu deinem Vater, der im Verborgenen ist! Dein Vater, der auch das Verborgene sieht, wird es dir vergelten. Wenn ihr betet, sollt ihr nicht plappern wie die Heiden, die meinen, sie werden nur erhört, wenn sie viele Worte machen. Macht es nicht wie sie; denn euer Vater weiß, was ihr braucht, noch ehe ihr ihn bittet. Mt 6,5–8

Beten und bitten

Aufgetischt

Die ganze Verwandtschaft ist bei Oma und Opa zum Essen anlässlich eines runden Geburtstags eingeladen. Das Essen steht auf dem Tisch und der Jüngste will sich sofort von den leckeren Sachen etwas nehmen und essen. Doch die Mutter erhebt den Finger: „Mein Lieber, zuerst wird gebetet!" Der Kleine antwortet schlagfertig: „Das müssen wir nicht.
Oma kann kochen und es schmeckt."

Jesus lehrte die Jünger: So sollt ihr beten: Unser Vater im Himmel, geheiligt werde dein Name, dein Reich komme, dein Wille geschehe wie im Himmel, so auf der Erde. Gib uns heute das Brot, das wir brauchen! Und erlass uns unsere Schulden, wie auch wir sie unseren Schuldnern erlassen haben! Und führe uns nicht in Versuchung, sondern rette uns vor dem Bösen! Mt 6,9–13

So sollt ihr beten:

Vater unser …

Ein junger Vikar, der erst kürzlich in die Gemeinde berufen worden war, wunderte sich, dass er seine Nachbarin oftmals am Tag laut und deutlich das „Vaterunser" wie auch das „Gegrüßet seist du, Maria" beten hörte. Bei Gelegenheit fragte er sie danach. Doch die Frau erwiderte unbekümmert: „Das sind meine Gebete zum Eierkochen oder Schnitzelanbraten: Drei ‚Vaterunser' und ‚Gegrüßet seist du' für weiche Eier. Und fünf bis sechs für ein zartes Schnitzel."

Jesus sagte: Wenn ihr fastet, macht kein finsteres Gesicht wie die Heuchler! Sie geben sich ein trübseliges Aussehen, damit die Leute merken, dass sie fasten. Amen, ich sage euch: Sie haben ihren Lohn bereits erhalten. Du aber, wenn du fastest, salbe dein Haupt und wasche dein Gesicht, damit die Leute nicht merken, dass du fastest, sondern nur dein Vater, der im Verborgenen ist; und dein Vater, der das Verborgene sieht, wird es dir vergelten. **Mt 6,16–18**

Richtig fasten

Nicht mehr so streng

Ein Katholik kommt am Aschermittwoch zu seinem Pfarrer und fragt ihn, wie streng die Fastengebote der Kirche derzeit noch seien. Der Pfarrer, auf beiden Backen kauend, gibt ihm die Antwort: „Leider sind die Gesetze der Kirche nicht mehr so streng wie in früheren Zeiten. Alles wird aufgeweicht. Wohin soll das führen? Strenge Fasttage sind deswegen nur noch der Aschermittwoch und der Karfreitag!" „Aber Herr Pfarrer", so der Katholik, „Sie essen doch auch, heute am Aschermittwoch?" Der Pfarrer kaut munter weiter und sagt: „War ich so töricht, einen Pfarrer zu fragen?"

Jesus sagte: Sorgt euch nicht um euer Leben, was ihr essen oder trinken sollt, noch um euren Leib, was ihr anziehen sollt! Ist nicht das Leben mehr als die Nahrung und der Leib mehr als die Kleidung? Seht euch die Vögel des Himmels an: Sie säen nicht, sie ernten nicht und sammeln keine Vorräte in Scheunen; euer himmlischer Vater ernährt sie. Seid ihr nicht viel mehr wert als sie? Wer von euch kann mit all seiner Sorge sein Leben auch nur um eine kleine Spanne verlängern? **Mt 6,25–27**

Auf die Stimme der Natur hören

Leise Klänge

Ein reicher Amerikaner hatte seinen Freund, einen Indianer, der ihm bei einer Jagd das Leben gerettet hatte, zu sich in die Stadt eingeladen. Auf die Bitten des Indianers gingen die beiden eine Weile zu Fuß durch die Straßen der Stadt, für den reichen Amerikaner ein ungewöhnliches Erlebnis, weil er sonst alle Strecken mit dem Auto zurücklegte.

Auf einmal fasste der Indianer den Reichen am Arm und sagte: „Hörst du? Da zirpt eine Grille!" – „Ich höre nichts!" Nach einer Weile ließ der Indianer eine Dollarmünze fallen. Sofort blieb der Stadtbewohner stehen und bückte sich nach der Münze. „Seltsam", sagte der Indianer. „Den Klang des Geldes kannst du hören, aber nicht die Stimmen der Natur."

Jesus sagte: Denn wie ihr richtet, so werdet ihr gerichtet werden und nach dem Maß, mit dem ihr messt, werdet ihr gemessen werden. Warum siehst du den Splitter im Auge deines Bruders, aber den Balken in deinem Auge bemerkst du nicht? Oder wie kannst du zu deinem Bruder sagen: Lass mich den Splitter aus deinem Auge herausziehen! - und siehe, in deinem Auge steckt ein Balken! Du Heuchler! Zieh zuerst den Balken aus deinem Auge, dann kannst du zusehen, den Splitter aus dem Auge deines Bruders herauszuziehen! **Mt 7,2–5**

Nach dem Augenschein urteilen

Schmutz und Streifen

„Schau mal hinüber zur Nachbarin", forderte eine Frau ihre Freundin auf: „Die will eine gute Hausfrau sein. Alles ist dreckig, vom Haus angefangen bis zur Wäsche, die dort auf der Leine hängt. Voller Schmutz und Streifen!" „Meine Liebe", entgegnete die Freundin ein wenig pikiert: „Vorsicht! Du siehst das alles durch dein Fenster. Das hast du schon lange nicht mehr geputzt. Es ist voller Schmutz und Streifen."

Jesus sagte: An ihren Früchten werdet ihr sie erkennen. Erntet man etwa von Dornen Trauben oder von Disteln Feigen? Jeder gute Baum bringt gute Früchte hervor, ein schlechter Baum aber schlechte. Ein guter Baum kann keine schlechten Früchte hervorbringen und ein schlechter Baum keine guten. Jeder Baum, der keine guten Früchte hervorbringt, wird umgehauen und ins Feuer geworfen. An ihren Früchten also werdet ihr sie erkennen. **Mt 7,16–20**

Die Verbindung nach oben

Der Draht zueinander

Ein junger Priester, ganz Kleriker im alten Stil, war Pfarrer geworden. Schon am ersten Tag wollte er allen zeigen, wer in der Gemeinde das Sagen habe. Also nahm er im Pfarrbüro Platz. Als er den Hausmeister kommen sah, griff er bei dessen Eintritt ins Büro demonstrativ nach dem Telefon und fing zu sprechen an: „Ja, hochwürdigster Herr Bischof. Da bin ich ganz Ihrer Meinung. Ich werde das Meinige dazu tun. Grüßen Sie bitte den hochwürdigsten Herrn Kardinal, wir sind Freunde, wenn sie übermorgen mit ihm zusammentreffen. Tun wir alles zur größeren Ehre Gottes." Damit legte er den Hörer auf und herrschte den Hausmeister an: „Und Sie, was wollen Sie?" Der antwortete, ohne eine Miene zu verziehen, knapp: „Das Telefon anschließen."

Der Hauptmann sagte zu Jesus: Herr, mein Diener liegt gelähmt zu Hause und hat große Schmerzen. Jesus sagte zu ihm: Ich will kommen und ihn heilen. Und der Hauptmann antwortete: Herr, ich bin es nicht wert, dass du unter mein Dach einkehrst; aber sprich nur ein Wort, dann wird mein Diener gesund! Denn auch ich muss Befehlen gehorchen und ich habe selbst Soldaten unter mir; sage ich nun zu einem: Geh!, so geht er, und zu einem andern: Komm!, so kommt er, und zu meinem Diener: Tu das!, so tut er es. Jesus war erstaunt, als er das hörte, und sagte zu denen, die ihm nachfolgten: Amen, ich sage euch: Einen solchen Glauben habe ich in Israel noch bei niemandem gefunden.

Mt 8,6–10

Gut wählen

Wille und Gehorsamkeit

Zwei Nonnen aus verschiedenen Orden unterhalten sich über den Gehorsam in ihrer Gemeinschaft. Die jüngere sagt: „Bei uns wird es mit dem Gehorsam so gehalten: Die Oberin fragt uns, was wir in dieser oder jener Sache tun wollen. Dann befiehlt sie uns, dieses oder jenes im klösterlichen Gehorsam zu erfüllen." Die ältere Nonne ist darüber sehr erstaunt und meint: „Großartig, wie bei euch die Frage des Gehorsams gelöst ist. Aber es gibt sicher bei euch auch eine Schwester, die nicht weiß, was sie will?" Lachend antwortet die andere: „Die machen wir dann zu unserer Oberin."

Jesus stieg in das Boot, und seine Jünger folgten ihm. Plötzlich brach auf dem See ein gewaltiger Sturm los, sodass das Boot von den Wellen überflutet wurde. Jesus aber schlief. Da traten die Jünger zu ihm und weckten ihn; sie riefen: Herr, rette uns, wir gehen zugrunde! Er sagte zu ihnen: Warum habt ihr solche Angst, ihr Kleingläubigen? Dann stand er auf, drohte den Winden und dem See und es trat völlige Stille ein. Die Menschen aber staunten und sagten: Was für einer ist dieser, dass ihm sogar die Winde und der See gehorchen? **Mt 8,23–27**

Gott bewahre!
Stürmische See

Ein Priester geriet bei der Überfahrt in einem kleinen Boot zu einer Insel im Atlantik in einen schweren Sturm. Ängstlich fragte er den Mann am Steuer, weil es seine erste Fahrt auf dem Wasser war: „Denkst du, dass wir in diesem Boot in Lebensgefahr sind?" Der Steuermann nickte bedenklich: „Hochwürden, wenn der Sturm noch stärker wird, dann sind wir beide bald im Paradies." Der Priester schlug entsetzt ein Kreuz über sich und sagte: „Gott bewahre uns davor!"

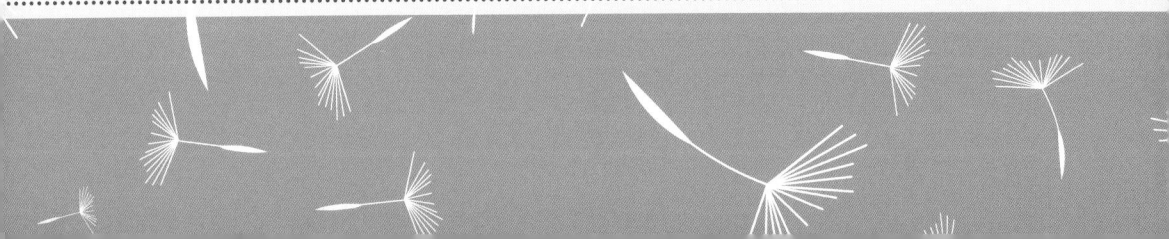

Jesus sagte: Und wer nicht sein Kreuz auf sich nimmt und mir nachfolgt, ist meiner nicht wert. Wer das Leben findet, wird es verlieren; wer aber das Leben um meinetwillen verliert, wird es finden. **Mt 10,38–39**

Leben finden

Küken und Ei

Ein Schüler fragte seinen Religionslehrer: „Was bedeutet dieses Wort Jesu: Ich stehe ganz am Anfang meines Lebens und soll es schon loslassen?" Der Lehrer deutete es so: „Das kleine Küken in der Eierschale sieht zunächst sein Leben in der Sicherheit geborgen. Es ist rundum zufrieden und vor der ganzen Welt geschützt. Doch seine Entwicklung geht weiter. Auf einmal wird die Schale zum bedrückenden, hinderlichen Gefängnis. Jetzt kommt es darauf an, ob das Küken sein bisheriges Leben loslässt und die harte Eierschale knackt, oder ob es in der Enge zugrunde gehen will." Der Religionslehrer schloss seine kleine Geschichte: „So ergeht es einem Menschen, der im engen Panzer seines Ichs eingeschlossen bleibt. Das bedeutet das Wort Jesu: ‚Wer sein Leben retten will, wird es verlieren; wer es um meinetwegen verliert, der wird es gewinnen.'"

Jesus sagte: Kommt alle zu mir,
die ihr mühselig und beladen seid!
Ich will euch erquicken. Nehmt mein
Joch auf euch und lernt von mir; denn
ich bin gütig und von Herzen demütig;
und ihr werdet Ruhe finden für eure
Seele. Denn mein Joch ist sanft
und meine Last ist leicht.

Mt 11,28–30

Jesus nachfolgen

Standpunkte und Wege

Der Priesterrat eines Bistums traf sich zu seiner ersten Sitzung mit dem neuen Bischof. Nach dem Eröffnungsgebet begann der Bischof mit seinen Ausführungen: „Von meinem christlichen Standpunkt aus …" Dabei sah er, dass einer der Räte heftig den Kopf schüttelte. Der Bischof setzte neu an und erklärte um einen Ton kräftiger: „Vom Standpunkt des Papstes aus …", als er wieder das ablehnende Kopfschütteln bemerkte. Zum dritten Male erhob er seine Stimme, jetzt heftig, und sagte: „Vom Standpunkt der Kirche aus …" Erneutes deutliches Kopfschütteln irritierte ihn, sodass der Bischof nachfragte: „Ich wüsste nicht, was ich mit diesen fünf Worten Falsches gesagt hätte." Das widerspenstige Ratsmitglied erklärte darauf: „Der christliche Standpunkt, der Standpunkt des Papstes und der Standpunkt der Kirche sind falsch. Es gibt nur den Weg des Glaubens, den Weg des Evangeliums. Wir sollten also unsere Standpunkte aufgeben, damit wir Jesus glaubwürdig nachfolgen können."

Gleich darauf drängte Jesus die Jünger, ins Boot zu steigen und an das andere Ufer vorauszufahren. Inzwischen wollte er die Leute nach Hause schicken. Nachdem er sie weggeschickt hatte, stieg er auf einen Berg, um für sich allein zu beten. Als es Abend wurde, war er allein dort. **Mt 14,22–23**

Die Mitte suchen

Ruhe und Arbeit

Der Vorsteher bat einen Bruder, der erst vor einigen Tagen in das Kloster eingetreten war, die Glocke zu läuten, um die Gebetszeit anzuzeigen. Der junge Bruder ergriff das Seil und zog heftig daran. Die Glocke gab einige scheppernde Töne von sich. Er zog stärker und stärker, aber er konnte kein richtiges Geläute zustande bringen. Der Vorsteher sah ihm wortlos zu, bis jener mit einem enttäuschten Schulternzucken das Seil losließ. In diesem Augenblick ertönte ein harmonisches Geläute. Der Vorsteher des Klosters nahm den Bruder in den Arm und tröstete ihn: „Du hast schon die erste wichtige Regel für ein spirituelles Leben gelernt: ziehen und loslassen. Anspannen und ausspannen. Zärtlichkeit und Kraft. Ruhe und Arbeit."

Das Boot mit den Jüngern aber war schon viele Stadien vom Land entfernt und wurde von den Wellen hin und her geworfen; denn sie hatten Gegenwind. In der vierten Nachtwache kam Jesus zu ihnen; er ging auf dem See. Als ihn die Jünger über den See kommen sahen, erschraken sie, weil sie meinten, es sei ein Gespenst, und sie schrien vor Angst. Mt 14,24–26

Keine Angst!

Letzte Rettung

Ein katholischer und ein protestantischer Pfarrer fuhren in der Nordsee in einem Boot zur nächsten Insel. Dort sollte ein gemeinsamer Gottesdienst stattfinden. Aber ein schwerer Sturm kam auf, das kleine Schiff kenterte. Doch die beiden Geistlichen schafften es an Land und wurden gefragt: „Wie habt ihr euch gerettet? Konntet ihr so gut schwimmen?" Wie aus einem Mund antworteten sie: „Wir sind gar nicht geschwommen. Wir haben uns die ganze Zeit gestritten."

Jesus sagte: Denn wer sein Leben retten will, wird es verlieren; wer aber sein Leben um meinetwillen verliert, wird es finden. Was nützt es einem Menschen, wenn er die ganze Welt gewinnt, dabei aber sein Leben einbüßt? Um welchen Preis kann ein Mensch sein Leben zurückkaufen? Der Menschensohn wird mit seinen Engeln in der Herrlichkeit seines Vaters kommen und dann wird er jedem nach seinen Taten vergelten.

Mt 16,25–27

Nachgeben

Der kluge Fuhrmann

Zwei Fuhrleute begegneten einander mit ihren schwer beladenen Wagen auf einem engen Hohlweg. An ein Vorbeikommen war nicht zu denken. Schließlich stritten sie miteinander darüber, wer zurückfahren müsse. Der Streit wurde immer heftiger geführt. Beide schrien einander an und es stand zu befürchten, dass die Sache mit Gewalt entschieden werden musste. Plötzlich packte der eine den anderen am Kragen und schrie: „Wenn du jetzt nicht sofort zurückfährst, mache ich es mit dir wie beim letzten Mal." Verängstigt gab der nach und fuhr mühsam sein Fuhrwerk aus dem Hohlweg zurück. Als beide dann endlich aneinander vorbeifahren konnten, wollte der, der nachgegeben hatte, wissen: „Was hast du denn damals mit dem anderen gemacht?" Der andere Fuhrmann lächelte und meinte: „Da bin ich zurückgefahren."

Jesus sagte: Was auch immer zwei von euch auf Erden einmütig erbitten, werden sie von meinem himmlischen Vater erhalten. Denn wo zwei oder drei in meinem Namen versammelt sind, da bin ich mitten unter ihnen.
Mt 18,19–20

Jesus treffen

Nur zwei oder drei

„Ich glaube nicht an Jesus Christus! Erst wenn ihr mir seine Adresse geben könnt, lasse ich mich auf ihn ein!" So stand es in großen Lettern auf einer Plakatwand in einer Kirche. Dann stand, weiter unten auf dem Plakat, mit etwas ungelenker Hand geschrieben: „Ich kenne seine Adresse. Ich habe sie auf die unten liegenden Kärtchen geschrieben! Bitte bedienen Sie sich!" Auf jedem Kärtchen war eine Adresse eines Gemeindegliedes, immer gefolgt vom Wort Jesu: „Wo zwei oder drei in meinem Namen versammelt sind, da bin ich mitten unter ihnen!"

Da kamen Pharisäer zu Jesus, um ihn zu versuchen, und fragten: Darf man seine Frau aus jedem beliebigen Grund aus der Ehe entlassen? Er antwortete: Habt ihr nicht gelesen, dass der Schöpfer sie am Anfang männlich und weiblich erschaffen hat und dass er gesagt hat: Darum wird der Mann Vater und Mutter verlassen und sich an seine Frau binden und die zwei werden ein Fleisch sein? Sie sind also nicht mehr zwei, sondern ein Fleisch. Was aber Gott verbunden hat, das darf der Mensch nicht trennen. **Mt 19,3–6**

Einander vertrauen

Adam und Eva

Als Adam nach langer Nacht am helllichten Morgen endlich nach Hause kam, reagierte Eva eifersüchtig: „Wo hast du dich die ganze Nacht herumgetrieben?" Adam versuchte seine Frau zu beruhigen: „Überleg doch mal", sagte er, „in der ganzen Schöpfung gibt es nur dich und mich." Besänftigt schmiegte sich Eva an ihn. Dann sagte Adam: „Jetzt bin ich müde. Ich lege mich auf mein Lager." Doch kaum war er eingeschlafen, zählte Eva sorgfältig seine Rippen nach.

Jesus sagte: Zeigt mir die Münze, mit der ihr eure Steuern bezahlt! Da hielten sie ihm einen Denar hin. Er fragte sie: Wessen Bild und Aufschrift ist das? Sie antworteten ihm: Des Kaisers. Darauf sagte er zu ihnen: So gebt dem Kaiser, was dem Kaiser gehört, und Gott, was Gott gehört! Als sie das hörten, staunten sie, ließen ihn stehen und gingen weg. **Mt 22,19–22**

In Ordnung bringen

Klein und groß

Ein kleiner Junge kam zu seinem Vater, der in einer Zeitschrift blätterte, und bat: Spiele mit mir! Der aber hatte keine Lust zum Spiel. Also überlegte er, womit er seinen kleinen Sohn beschäftigen könnte. Er sah in der Zeitschrift eine komplizierte und detailreiche Abbildung der Erde. Er riss das Bild heraus und zerschnipselte es in viele kleine Teile. Die gab er dem Jungen und hoffte, dass der nun mit diesem schwierigen Puzzle eine ganze Zeit beschäftigt sei. Nach wenigen Minuten kam der Junge zum Vater zurück und zeigte ihm das fertig zusammengesetzte Bild. Der Vater konnte es kaum glauben und fragte seinen Sohn, wie er das so schnell geschafft habe, obwohl er doch die Erdkarte gar nicht kenne? Das Kind antwortete: „Auf der Rückseite war ein Mensch abgebildet. Den habe ich richtig zusammengesetzt. Und als der Mensch in Ordnung war, war es auch die Welt."

Jesus sagte: Lernt etwas aus dem Vergleich mit dem Feigenbaum! Sobald seine Zweige saftig werden und Blätter treiben, erkennt ihr, dass der Sommer nahe ist. So erkennt auch ihr, wenn ihr das alles seht, dass das Ende der Welt nahe ist. Amen, ich sage euch: Diese Generation wird nicht vergehen, bis das alles geschieht. Himmel und Erde werden vergehen, aber meine Worte werden nicht vergehen. Doch jenen Tag und jene Stunde kennt niemand, auch nicht die Engel im Himmel, nicht einmal der Sohn, sondern nur der Vater. **Mt 24,32–36**

Hoffnungsvoll warten

Der letzte Tag

Ganz zuletzt, am letzten Tag, sitzen die würdigsten Vertreter aller Religionen und Konfessionen in einem Wartezimmer, wie bei einem Arzt, und die Tür ist noch verschlossen. Jeder sitzt für sich und hat statt der sonst üblichen Illustrierten die eigenen Schriften dabei, ja, auch die Thora, die Upanishaden, das Neue Testament, den Koran. Darin blättern sie und heben immer wieder den Blick, lassen ihn kurz über die anderen hinwegschweifen und fragen sich: Wer wird wohl der Erste sein, der Zweite, wen ruft er als Letzten hinein? Wird die Zeit überhaupt reichen – es sind ja so viele – oder werden einige von uns hier nicht eingelassen werden? So sitzen sie da in diesem letzten Wartezimmer. Fast könnte man meinen, trotz all der Stille und des friedlichen Eindrucks, sie belauerten sich. Sie tun es ja auch. Dann, nach langer, langer Zeit, geht die Tür auf und der Ewige ruft alle zu sich herein, alle auf einmal. Gott sieht sie alle an. Mag sein, dass er dabei sogar lächelt. Vielleicht aber auch nicht. Wer weiß das schon? Doch dann stellt Gott nur eine Frage: „Warum habt ihr nicht miteinander geredet? Ihr hattet doch so viel Zeit."

Der Hohepriester sagte zu Jesus: Ich beschwöre dich bei dem lebendigen Gott, sag uns: Bist du der Christus, der Sohn Gottes? Jesus antwortete: Du hast es gesagt. Doch ich erkläre euch: Von nun an werdet ihr den Menschensohn zur Rechten der Macht sitzen und auf den Wolken des Himmels kommen sehen. **Mt 26,63–64**

Geht es noch höher?
Karriereschritte

Ein Rabbi und ein katholischer Jungpriester, erkennbar an seinem Kollarkragen, kommen im Warteraum des Flughafens ins Gespräch. Beide wollen nach Israel fliegen. Der Rabbi fragt: „Welche Aufgabe haben Sie in der Kirche?" Der Jungpriester sagt, er sei zurzeit Kaplan, werde aber wohl bald Pfarrer. „Und dann?", fragt der Rabbi weiter. „Na ja, ich könnte Bischof, vielleicht sogar Erzbischof werden?" Der Rabbi will wissen: „Geht es in der katholischen Kirche nicht noch höher?" Der Kaplan meint: „Dann käme Kardinal. Ganz am Ende Papst?" Der Rabbi lässt nicht locker: „Wie weiter?" Entrüstet sagt der Kaplan: „Bei Papst ist Schluss. Gott kann keiner werden." Der Rabbi lehnt sich zurück und lächelt: „Genau das hat einer von uns geschafft!"

Jesus trat auf seine Jünger zu und sagte zu ihnen: Mir ist alle Vollmacht gegeben im Himmel und auf der Erde. Darum geht und macht alle Völker zu meinen Jüngern; tauft sie auf den Namen des Vaters und des Sohnes und des Heiligen Geistes und lehrt sie, alles zu befolgen, was ich euch geboten habe. Und siehe, ich bin mit euch alle Tage bis zum Ende der Welt.

Mt 28,18–20

Die Frohe Botschaft genügt

Gottes Plan

Als Jesus in den Himmel zurückgekehrt war, traf er auf Gabriel, dem er mitteilte, dass er die von Gott zugewiesene Aufgabe erfüllt habe. „Wie geht es jetzt weiter?", wollte der Erzengel wissen. „Hast du einen Plan? Wie soll das Evangelium ausgebreitet werden? Hast du auf Erden eine starke Organisation mit klar umrissenen Richtlinien und Plänen zurückgelassen?" „Nein", antwortete Jesus Christus. „Ich habe keine Organisation hinterlassen, nur eine kleine Schar von Frauen und Männern aus einfachen Verhältnissen. Sie werden der Welt die Frohe Botschaft bringen." „Aber für den Fall, dass sie versagen", fragte Gabriel zweifelnd weiter, „was für einen Plan hast du dann?" „Es gibt keinen anderen Plan", antwortete Jesus.

Jesus ging in ein Haus und wieder kamen so viele Menschen zusammen, dass sie nicht einmal mehr essen konnten. Als seine Angehörigen davon hörten, machten sie sich auf den Weg, um ihn mit Gewalt zurückzuholen; denn sie sagten: Er ist von Sinnen. **Mk 3,20–21**

Reisen und heimkehren

Der Guru und die alte Frau

Obwohl die Frau schon über 70 Jahre alt war, wollte sie unbedingt eine Reise nach Indien zu einem berühmten Guru unternehmen. Alle in ihrem Freundeskreis warnten sie und rieten ihr von ihrem Vorhaben ab. Aber sie bestand hartnäckig darauf. Sie flog nach Indien, fuhr mit dem Zug nach Norden und nach einigen Schwierigkeiten fand sie das Ashram des Gurus in einer weitverzweigten Anlage. Doch sie bekam bei der Anmeldung gesagt, sie könne den Guru erst nach vier Wochen unter strengem Fasten, täglichem Baden im kalten Fluss und absolutem Schweigen sehen und sprechen. Die Frau nahm das alles auf sich. Endlich war es so weit. Jetzt durfte sie den Guru sehen. Aber, so wurde ihr ausdrücklich gesagt, bei der weihevollen Begegnung dürfe sie nur fünf Worte sagen. Sie möge es sich also gut überlegen. Der Guru thronte in einem festlichen Saal auf einem Podest, ganz in weiße und rote Seide gehüllt. Er schaute durch die Besucherin hindurch. Doch die Frau ging nach kurzem Zögern auf den Guru zu, packte den Überraschten an den Schultern und sagte nur diese fünf Worte: „Genug, mein Junge, komm heim!"

Jesus zog durch die benachbarten Dörfer und lehrte. Er rief die Zwölf zu sich und sandte sie aus, jeweils zwei zusammen. Er gab ihnen Vollmacht über die unreinen Geister und er gebot ihnen, außer einem Wanderstab nichts auf den Weg mitzunehmen, kein Brot, keine Vorratstasche, kein Geld im Gürtel, kein zweites Hemd und an den Füßen nur Sandalen. Und er sagte zu ihnen: Bleibt in dem Haus, in dem ihr einkehrt, bis ihr den Ort wieder verlasst!

Mk 6,6–10

Nehmt nichts mit!

Einfachheit des Lebens

Ein suchender Mensch las im Evangelium die Worte: „Nehmt für unterwegs nichts mit, tragt nur Sandalen an den Füßen", und er befragte bei passender Gelegenheit einen Bischof nach der Bedeutung dieser Worte. Ohne lange zu überlegen gab der hohe Würdenträger die gespreizte Antwort des erfahrenen Theologen: „Eines Tages wirst du alles abwerfen, sogar die Sandalen, und den Grund des Wesentlichen betreten." Der Fragesteller sah den Bischof lange schweigend an und meinte: „Dann werdet ihr wohl nie das Wesentliche berühren?"

Jesus antwortete den Pharisäern: Der Prophet Jesaja hatte Recht mit dem, was er über euch Heuchler sagte, wie geschrieben steht: Dieses Volk ehrt mich mit den Lippen, sein Herz aber ist weit weg von mir. Vergeblich verehren sie mich; was sie lehren, sind Satzungen von Menschen. Ihr gebt Gottes Gebot preis und haltet euch an die Überlieferung der Menschen. **Mk 7,6–8**

Die Gebote brechen

Im Religionsunterricht

Der Pfarrer besuchte die Grundschule, auch um die Leistung des Religionslehrers zu überprüfen. Er befragte die Kinder nach den Zehn Geboten. Lückenlos konnten sie die Weisungen, die Mose auf dem Berg Sinai von Gott gegeben wurden, aufzählen. Der Pfarrer schien recht zufrieden und sagte: „Ihr kennt alle die Zehn Gebote, das freut mich. Was aber passiert, wenn man eines der Gebote Gottes bricht?" Eine Schülerin antwortete wie aus der Pistole geschossen: „Dann sind es nur noch neun."

Man brachte Kinder zu Jesus, damit er sie berühre. Die Jünger aber wiesen die Leute zurecht. Als Jesus das sah, wurde er unwillig und sagte zu ihnen: Lasst die Kinder zu mir kommen; hindert sie nicht daran! Denn solchen wie ihnen gehört das Reich Gottes. Amen, ich sage euch: Wer das Reich Gottes nicht so annimmt wie ein Kind, der wird nicht hineinkommen. Und er nahm die Kinder in seine Arme; dann legte er ihnen die Hände auf und segnete sie.

Mk 10,13–16

Brücken bauen

Kinder sind Leben

Ein junger Ingenieur musste in der Militärakademie eine Brücke zeichnen. Er legte einen Entwurf vor. Auf seiner Brücke, die in drei Bogen einen Fluss überspannte, waren zwei Kinder zu sehen, die vom obersten Bogen in das Wasser schauten. Der ausbildende Offizier forderte: „Lassen Sie die Kinder weg, diese Brücke ist ein militärisches Objekt." Der Ingenieur nahm die Kinder von der Brücke weg und ließ sie am Rand an einer Böschung im Sand spielen. Der Ausbilder wurde wütend und befahl: „Weg mit den Kindern! Die passen nicht hierher. Schließlich handelt es sich um Vorbereitungen für den Krieg." Da zeichnete der Ingenieur eine Panzerbrücke, die bogenlos den Fluss überspannte. Die Kinder lagen unter zwei Grabsteinen am Ufer des Flusses.

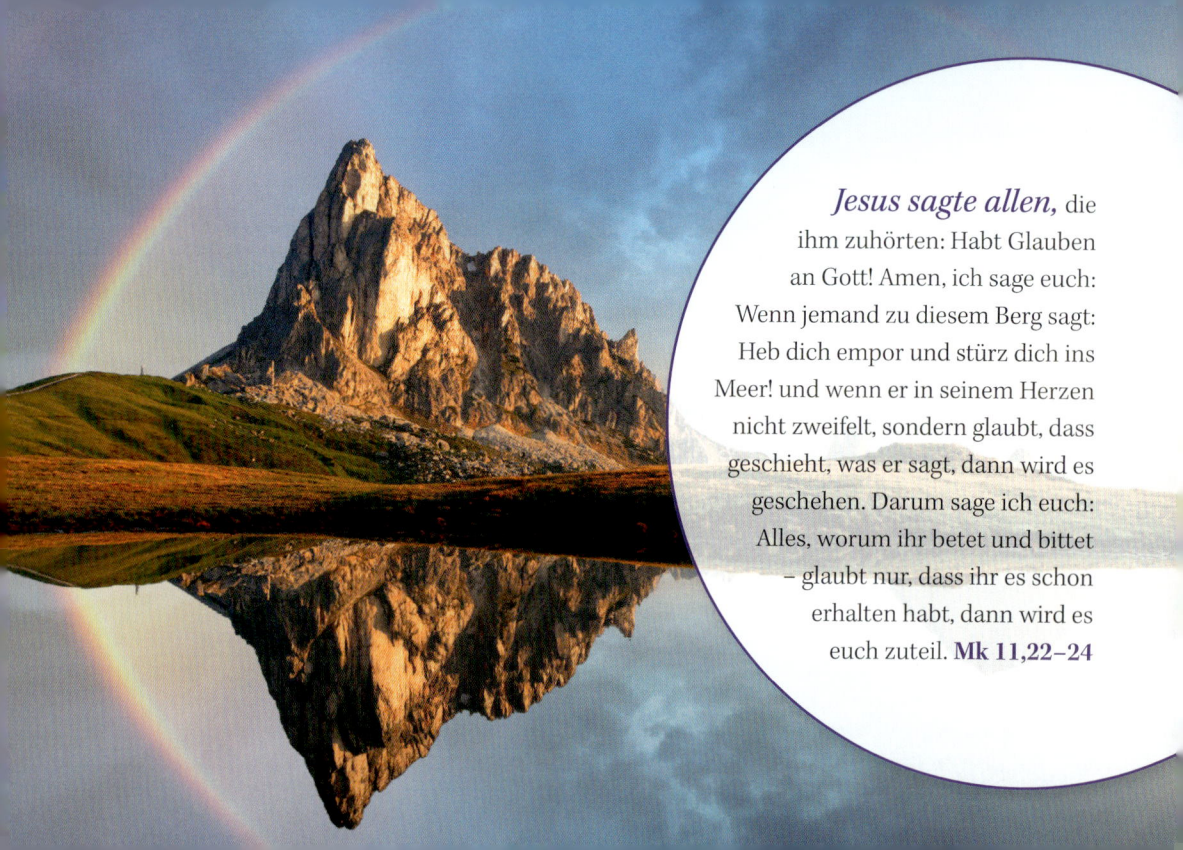

Jesus sagte allen, die ihm zuhörten: Habt Glauben an Gott! Amen, ich sage euch: Wenn jemand zu diesem Berg sagt: Heb dich empor und stürz dich ins Meer! und wenn er in seinem Herzen nicht zweifelt, sondern glaubt, dass geschieht, was er sagt, dann wird es geschehen. Darum sage ich euch: Alles, worum ihr betet und bittet – glaubt nur, dass ihr es schon erhalten habt, dann wird es euch zuteil. **Mk 11,22–24**

Die Macht des Gebets erfahren

Der Schlüssel zu Freiheit

Ein Mann war von einem Machthaber ungerechterweise ins Gefängnis geworfen worden. Die Türe seiner Einzelzelle war mit einem komplizierten, schlüssellosen Schloss versperrt. Vergeblich bemühte er sich, hinter das Geheimnis der Schließanlage zu kommen. Eines Tages brachte der Wärter mit dem bescheidenen Essen, das ihm einmal am Tag gereicht wurde, einen Gebetsteppich. Das Geschenk seiner Freunde in der Freiheit. Verärgert warf er das Stück in die Ecke. Was sollte er damit anfangen? Später besann er sich, kniete auf dem Teppich nieder und betete. Je öfter er betete, desto deutlicher sah er, dass in den Teppich der Plan des Sicherheitsschlosses eingewebt war. Eines Nachts folgte er den Vorgaben auf dem Gebetsteppich, öffnete die Türe und war ein freier Mann.

Jesus sagte seinen Jüngern:
Wenn ihr von Kriegen hört und von Kriegsgerüchten, lasst euch nicht erschrecken! Das muss geschehen. Es ist aber noch nicht das Ende. Denn Volk wird sich gegen Volk und Reich gegen Reich erheben. Und an vielen Orten wird es Erdbeben und Hungersnöte geben. Doch das ist erst der Anfang der Wehen. Allen Völkern muss zuerst das Evangelium verkündet werden. **Mk 13,7–8.10**

Das Ende der Welt naht

Letzte Warnung

Zwei Prediger einer Religionsgemeinschaft, die das nahe Ende der Welt vorhergesagt hat, stehen an einer Brücke, die über einen reißenden Fluss führt. Als ein Auto kommt, treten sie ihm mit einem Schild in den Weg: „Achtung! Das Ende ist nahe. Kehre um, solange es noch möglich ist." Der Fahrer faucht sie durch die geöffnete Scheibe an: „Aus dem Weg, ihr Endzeitfanatiker!", und fährt weiter. Ein dumpfer Schlag ist zu hören, ein lautes „Platsch". Da sagt der eine Prediger zum anderen: „Wir hätten doch besser auf das Plakat schreiben sollen: ‚Stopp! Brücke eingestürzt'"

Der Ruf Jesu verbreitete sich immer mehr und große Volksmengen kamen zusammen, um zu hören und von ihren Krankheiten geheilt zu werden. Doch er zog sich an einen einsamen Ort zurück, um zu beten. **Lk 5,15–16**

Raum zum Beten

Barocke Pracht

Ein französischer Geistlicher war bei einem bayerischen Mitbruder zu Gast. Der wurde nicht müde, seinem Gast die wundervollen barocken Kirchen zu zeigen. Fast an jedem Tag wartete er mit einer weiteren Kostbarkeit auf. Der Franzose war überwältigt von der großen Pracht, die sich jedes Mal seinen Augen bot. Schließlich sagte er am Ende seines Aufenthalts: „Herrliche Kirchen habt ihr, ich kann mich nicht satt daran sehen. Aber eine Frage habe ich: Wo betet ihr?"

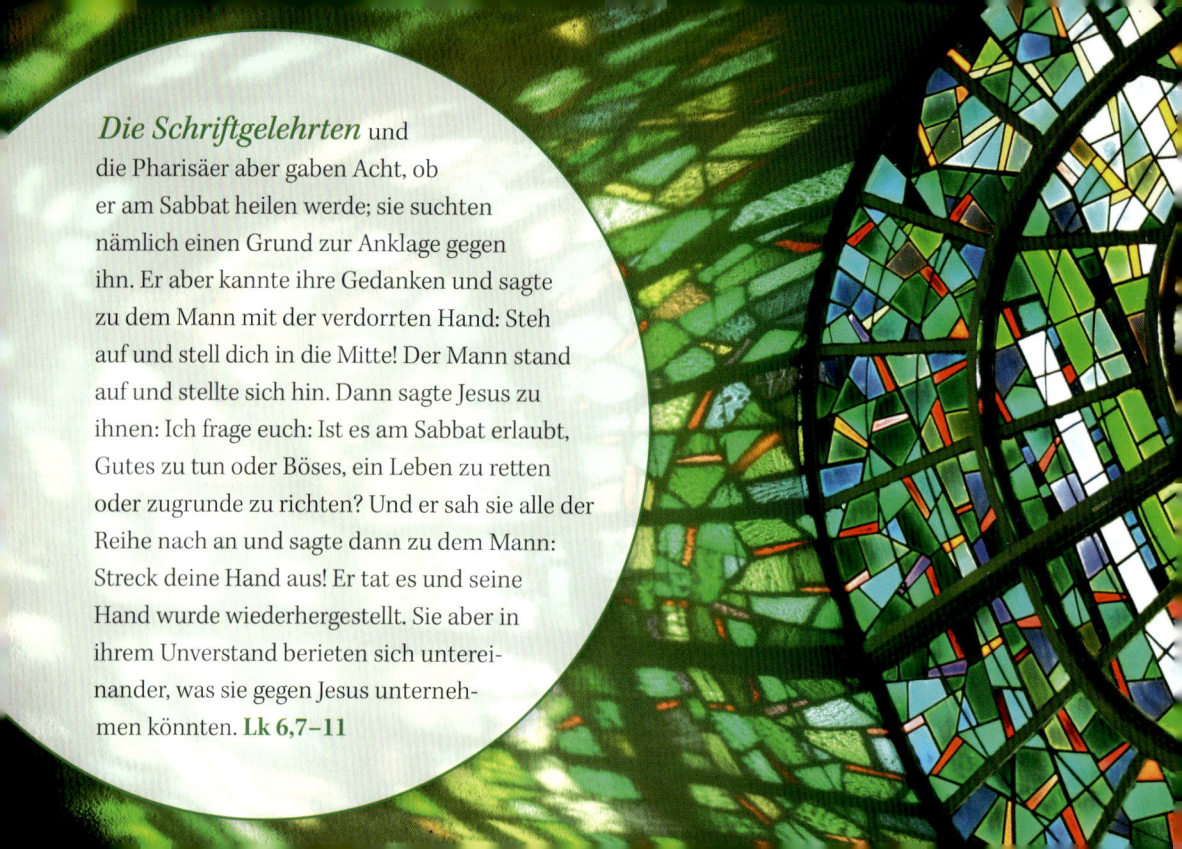

Die Schriftgelehrten und die Pharisäer aber gaben Acht, ob er am Sabbat heilen werde; sie suchten nämlich einen Grund zur Anklage gegen ihn. Er aber kannte ihre Gedanken und sagte zu dem Mann mit der verdorrten Hand: Steh auf und stell dich in die Mitte! Der Mann stand auf und stellte sich hin. Dann sagte Jesus zu ihnen: Ich frage euch: Ist es am Sabbat erlaubt, Gutes zu tun oder Böses, ein Leben zu retten oder zugrunde zu richten? Und er sah sie alle der Reihe nach an und sagte dann zu dem Mann: Streck deine Hand aus! Er tat es und seine Hand wurde wiederhergestellt. Sie aber in ihrem Unverstand berieten sich untereinander, was sie gegen Jesus unternehmen könnten. **Lk 6,7–11**

Wertschätzen

Heilsame Behinderung

Ein Junge kam in eine Zoohandlung und wollte sich einen kleinen Hund kaufen. Zwölf Euro hatte er sich dafür abgespart. „Ob das wohl reicht?", fragte er den Verkäufer. Der meinte: „So zwischen 50 und 80 Euro kosten diese Welpen hier. Aber da ist ein junger Hund, der hat einen Geburtsschaden, er wird nie richtig laufen können. Wenn du ihn magst, dann schenke ich ihn dir." Der Junge antwortete: „Ich werde ihn kaufen. Hier sind die zwölf Euro." „Nein, nein!", wehrte der Händler ab. „Ich schenke ihn dir. Er wird nie mit dir rennen und toben können wie andere Hunde." Doch der Junge bestand darauf, den behinderten Welpen zu kaufen. Er zog seine Hose hoch und zeigte die Metallschiene, die sein kraftloses Bein stützte: „Der Hund kann gut jemand gebrauchen, der ihn versteht."

Jesus lehrte die Seinen: Selig, die ihr jetzt hungert, denn ihr werdet gesättigt werden. Selig, die ihr jetzt weint, denn ihr werdet lachen. Selig seid ihr, wenn euch die Menschen hassen und wenn sie euch ausstoßen und schmähen und euren Namen in Verruf bringen um des Menschensohnes willen. Freut euch und jauchzt an jenem Tag; denn siehe, euer Lohn im Himmel wird groß sein. Denn ebenso haben es ihre Väter mit den Propheten gemacht.

Lk 6,21–23

Wo Seligkeit herrscht

Himmel und Menschen

Eine internationale Gruppe von Christen diskutierte miteinander, wie es im Himmel und in der Hölle aussehe. Als die Diskussion schon zu versanden drohte, weil die seltsamsten Bilder über Himmel und Hölle gemalt wurden, setzte ein Spanier zum Gelächter aller den Schlusspunkt: „Der Himmel ist", sagte er, „wo die Franzosen kochen und die Engländer für Ordnung sorgen. Die Deutschen beherrschen die Technik, die Schweizer organisieren alles und die Italiener zeigen, wie die Liebe geht." Dann zeigte er auf die Hölle: „Dort müssen die Engländer kochen, die Polizisten sind Deutsche, die Technik liegt in Händen der Franzosen, die Italiener organisieren alles und die Schweizer müssen die Liebhaber spielen."

Und es geschah danach, dass Jesus in eine Stadt namens Naïn kam; seine Jünger und eine große Volksmenge folgten ihm. Als er in die Nähe des Stadttors kam, siehe, da trug man einen Toten heraus. Es war der einzige Sohn seiner Mutter, einer Witwe. Und viele Leute aus der Stadt begleiteten sie. Als der Herr die Frau sah, hatte er Mitleid mit ihr und sagte zu ihr: Weine nicht! Und er trat heran und berührte die Bahre. Die Träger blieben stehen und er sagte: Jüngling, ich sage dir: Steh auf! Da setzte sich der Tote auf und begann zu sprechen und Jesus gab ihn seiner Mutter zurück. **Lk 7,11–15**

Sinn suchen

Nur vorübergehend

Eine Frau, die erst vor Kurzem Witwe geworden war, kam von der Beerdigung ihres einzigen Sohnes zurück. Er war durch einen unverschuldeten Verkehrsunfall aus dem Leben gerissen worden. Jetzt, allein in ihrer Wohnung, kam seiner Mutter alles so sinnlos vor. Nichts, auch nicht der Zuspruch der Nachbarn und Freunde oder die guten Worte des Priesters hatten sie trösten können. Als es Abend geworden war, griff sie gewohnheitsmäßig zum Telefon. Wie sie es gewohnt war, wählte sie die Nummer ihres Sohnes. Als sie das erste Verbindungszeichen hörte, wollte sie kopfschüttelnd auflegen. Da hörte sie die Ansage des Automaten: „Die Verbindung ist vorübergehend unterbrochen." Eine Welle des Trostes überkam die Witwe: „Ja", sagte sie laut zu sich, „es ist ja nur vorübergehend."

Es kamen aber seine Mutter und seine Brüder zu ihm; sie konnten jedoch wegen der vielen Leute nicht zu ihm gelangen. Da sagte man ihm: Deine Mutter und deine Brüder stehen draußen und möchten dich sehen.
Lk 8,19–20

Loslassen

Mütter und Kinder

Sie gehörte zu jenen Müttern, die ihre Sorgen um ihre Kinder mit der Verantwortung für deren Tun und Lassen verwechselte. So litt sie schwer unter den Entscheidungen ihrer Söhne und Töchter. Mehr und mehr wurde sie von dieser Last niedergedrückt. Die Kinder aber zogen sich von ihrer Mutter zurück, weil sie sich ständig in ihre Angelegenheiten einmischte. Darüber wurde sie traurig und depressiv; nannte ihre Kinder undankbar und herzlos, bis ein Priester ihr eindringlich sagte: „Wir alle müssen erst einmal durch ein Stück raues und wildes Meer rudern. Das kann uns niemand abnehmen. Haben wir es geschafft, dann kehren wir gerne in den elterlichen Hafen zurück. Wichtig ist, immer die Türe offen zu halten."

Wieder ein anderer sagte zu Jesus: Ich will dir nachfolgen, Herr. Zuvor aber lass mich Abschied nehmen von denen, die in meinem Hause sind. Jesus erwiderte ihm: Keiner, der die Hand an den Pflug gelegt hat und nochmals zurückblickt, taugt für das Reich Gottes.
Lk 9,61–62

Was kommt und bleibt

Die Verabschiedung

Wieder einmal war die Verabschiedung eines Pfarrers angesagt. Die Gemeinde hatte sich im großen Saal versammelt. Viele Dankesreden wurden geschwungen. Es gab nur Lob und Anerkennung für den Scheidenden von allen Seiten. Schließlich hatte er das letzte Wort. Er tröstete die Anwesenden und sagte: „Ich muss euch verlassen, weil es der Bischof so will. Aber ich bin sicher, ihr werdet einen besseren Pfarrer bekommen, als ich einer war." Da ruft einer mitten aus dem Saal nach vorne: „Dass ich nicht lache! Ihr Vorgänger hat uns vor zehn Jahren auch schon das Gleiche versprochen."

Ein Gesetzeslehrer stand auf, um Jesus auf die Probe zu stellen, und fragte ihn: Meister, was muss ich tun, um das ewige Leben zu erben? Jesus sagte zu ihm: Was steht im Gesetz geschrieben? Was liest du? Er antwortete: Du sollst den Herrn, deinen Gott, lieben mit deinem ganzen Herzen und deiner ganzen Seele, mit deiner ganzen Kraft und deinem ganzen Denken, und deinen Nächsten wie dich selbst. Jesus sagte zu ihm: Du hast richtig geantwortet. Handle danach und du wirst leben!

Lk 10,25–28

Mit der Bibel leben

Wasser und Weidenkorb

„Wozu", so fragte der Novize in der Bibliothek des Klosters seinen Lehrer, „wozu lesen wir immer und immer wieder in den heiligen Schriften?" Ohne auf die Frage eine Antwort zu geben, nahm der Lehrer einen Weidenkorb und bat den Jungen: „Bitte hole mir darin am Brunnen Wasser!" Verwundert ging der Novize zum Brunnen, schöpfte Wasser in den Weidenkorb. Doch bis er in die Bibliothek kam, war alles herausgelaufen. Wieder bat der Meister: „Geh, hole mir Wasser!" Kopfschüttelnd ging der junge Mann zum zweiten Male, um den seltsamen Wunsch zu erfüllen. Als er beim dritten Male wieder mit leerem Korb in der Bibliothek ankam, sagte er: „Das macht doch keinen Sinn. Das Wasser bleibt nicht in dem Korb." „Aber", antwortete der Lehrer, „dein Korb ist sauber geworden!"

Jesus erzählte diese Geschichte: Ein Mann ging von Jerusalem nach Jericho hinab und wurde von Räubern überfallen. Sie plünderten ihn aus und schlugen ihn nieder; dann gingen sie weg und ließen ihn halbtot liegen. Zufällig kam ein Priester denselben Weg herab; er sah ihn und ging vorüber. Ebenso kam auch ein Levit zu der Stelle; er sah ihn und ging vorüber. Ein Samariter aber, der auf der Reise war, kam zu ihm; er sah ihn und hatte Mitleid, ging zu ihm hin, goss Öl und Wein auf seine Wunden und verband sie. Dann hob er ihn auf sein eigenes Reittier, brachte ihn zu einer Herberge und sorgte für ihn. Und am nächsten Tag holte er zwei Denare hervor, gab sie dem Wirt und sagte: Sorge für ihn, und wenn du mehr für ihn brauchst, werde ich es dir bezahlen, wenn ich wiederkomme. **Lk 10,30–35**

Sich selbst entdecken

Hilfsbereit und beherzt

Eine Frau war als besonders hilfsbereit bekannt. Wo immer es möglich war, kaufte sie für eine alte Frau ein, half einem Blinden über die Straße, bewachte Kinder auf dem Spielplatz, tröstete eine Mutter über den Unfalltod ihrer Tochter. Eines Tages sah sie, dass ein Rollstuhlfahrer auf einer Gefällstrecke nicht mehr bremsen konnte. Beherzt sprang sie auf die Straße, um das Gefährt zu stoppen, und geriet dabei unter die Räder, aber der Mann war gerettet. Als Nachbarn sie verletzt unter dem Rollstuhl hervorzogen und ziemlich vorwurfsvoll sagten: „Das haben Sie jetzt von Ihrer ständigen Hilfsbereitschaft! Warum mischen Sie sich auch überall ein?", gab sie unter großen Schmerzen die Antwort: „Im anderen entdecke ich mich immer wieder selbst!"

Jesus trieb einen Dämon aus, der stumm war. Es geschah aber: Als der Dämon ausgefahren war, da konnte der Mann reden. Alle Leute staunten. Einige von ihnen aber sagten: Mit Hilfe von Beelzebul, dem Herrscher der Dämonen, treibt er die Dämonen aus.

Lk 11,14–15

Den Mund aufmachen

Kein Wunder!

Die Eltern sind verzweifelt. All ihre Bemühungen bei Fachleuten, Experten, sogar bei Geistheilern hatten nichts genutzt: Der Siebenjährige konnte und wollte nicht sprechen. Eines Sonntags löffelt er neben seinen Eltern am Mittagstisch die Suppe, legt den Löffel beiseite und sagt: „Wie soll ich das essen? Die Suppe ist versalzen!" Die Eltern sind außer sich: „Du kannst sprechen?! Warum hast du bisher kein einziges Wort gesagt?" Der Junge lacht, nimmt den Löffel wieder in die Hand und sagt: „Bisher war ja auch alles in Ordnung!"

Jesus sagte zu seinen Jüngern: Sorgt euch nicht um euer Leben, was ihr essen sollt, noch um euren Leib, was ihr anziehen sollt! Denn das Leben ist mehr als die Nahrung und der Leib mehr als die Kleidung. Seht auf die Raben: Sie säen nicht und ernten nicht, sie haben keine Vorratskammer und keine Scheune; und Gott ernährt sie. Wie viel mehr seid ihr wert als die Vögel! Wer von euch kann mit all seiner Sorge sein Leben auch nur um eine kleine Spanne verlängern? **Lk 12,22–25**

Sorgt euch nicht!

Guter Wunsch

Ein Rabbi wünschte seinem Schüler am Ende seiner Zeit in der Schule für seinen Lebensweg, dass er immer viele Sorgen haben möge! Darauf der flügge gewordene Schüler: „Aber, Rabbi, wie könnt ihr mir so etwas wünschen?" Darauf der Rabbi: „Wenn man viele Alltagssorgen hat, ist man gewöhnlich gesund. Denn ein kranker Mensch hat nur eine einzige Sorge: nämlich wieder gesund zu werden!"

Jesus erzählte:
Wenn einer von euch hundert Schafe hat und eins davon verliert, lässt er dann nicht die neunundneunzig in der Wüste zurück und geht dem verlorenen nach, bis er es findet? Und wenn er es gefunden hat, nimmt er es voll Freude auf die Schultern, und wenn er nach Hause kommt, ruft er die Freunde und Nachbarn zusammen und sagt zu ihnen: Freut euch mit mir, denn ich habe mein Schaf wiedergefunden, das verloren war! Ich sage euch: Ebenso wird im Himmel mehr Freude herrschen über einen einzigen Sünder, der umkehrt, als über neunundneunzig Gerechte, die keine Umkehr nötig haben. **Lk 15,4–7**

In Kontakt kommen

Der Unterschied

Ein Mann kam in der U-Bahn neben einem anderen zu sitzen, der offensichtlich ein Obdachloser war. Er machte sich so schmal er nur konnte, damit er nicht mit seinem Nachbarn in Kontakt kam. Von oben nach unten musterte er ihn und sah, dass er nur einen Schuh anhatte. „Sie haben wohl einen Schuh verloren", sagte er ein wenig überheblich. „Nein, mein Lieber", entgegnete der Obdachlose, „ich habe einen gefunden."

Jesus erzählte:
Es war einmal ein reicher Mann, der sich in Purpur und feines Leinen kleidete und Tag für Tag glanzvolle Feste feierte. Vor der Tür des Reichen aber lag ein armer Mann namens Lazarus, dessen Leib voller Geschwüre war. Er hätte gern seinen Hunger mit dem gestillt, was vom Tisch des Reichen herunterfiel. Stattdessen kamen die Hunde und leckten an seinen Geschwüren. Es geschah aber: Der Arme starb und wurde von den Engeln in Abrahams Schoß getragen. Auch der Reiche starb und wurde begraben. In der Unterwelt, wo er qualvolle Schmerzen litt, blickte er auf und sah von Weitem Abraham und Lazarus in seinem Schoß. **Lk 16,19–23**

Alles umsonst

Was im Himmel wertvoll ist

Ein Mann dachte bei seinem Sterben nur an das, an was er sein Lebtag gedacht hatte, an Geld. Also ließ er sich in seinen Sarg einen großen Beutel voller Goldmünzen legen. Im Jenseits angekommen, war ein großes Festmahl im Gange. Als er nach dem Preis der köstlichen Speisen fragte, bekam er zur Antwort: „Alles kostet nur einen roten Pfennig!" Das ist nun mal wirklich billig, dachte er sich, und wählte sich eine Fülle von Köstlichkeiten aus. Als er mit einem Goldstück bezahlen wollte, wurde es nicht angenommen. „Wie", fragte er, „ist mein Gold etwa nichts wert?" Er bekam zur Antwort: „Gültiges Zahlungsmittel ist hier nur das Geld, das Sie auf der Erde verschenkt haben."

Die Apostel baten den Herrn: Stärke unseren Glauben! Der Herr erwiderte: Wenn ihr Glauben hättet wie ein Senfkorn, würdet ihr zu diesem Maulbeerbaum sagen: Entwurzle dich und verpflanz dich ins Meer! und er würde euch gehorchen. **Lk 17,5–6**

Berge versetzen

Sonne und Schatten

Das Haus eines Mannes lag fast den ganzen Tag im dunklen Schatten eines steilen Hügels. Weil er das Licht der Sonne sehr liebte, griff der Mann zu Schaufel und Karre und begann damit, dem Hügel zu Leibe zu rücken. Tag für Tag ging das so. Die Nachbarn, deren Häuser alle im hellen Licht der Sonne lagen, spotteten über das aussichtslose Unternehmen: „Das schaffst du nie!", sagten sie. Doch der Mann blieb stur: „Ich werde es schaffen. Und wenn nicht ich, dann meine Söhne oder Enkel!" Da hatte sogar der Himmel ein Einsehen. Gott schickte zwei Engel, die über Nacht auf ihren Schwingen den Hügel davontrugen.

Jesus versammelte die Zwölf um sich und sagte zu ihnen: Siehe, wir gehen nach Jerusalem hinauf; und es wird sich alles erfüllen, was bei den Propheten über den Menschensohn geschrieben steht. Denn er wird den Heiden ausgeliefert, wird verspottet, misshandelt und angespuckt werden und man wird ihn geißeln und töten und am dritten Tag wird er auferstehen. **Lk 18,31–33**

Den Tod vor Augen

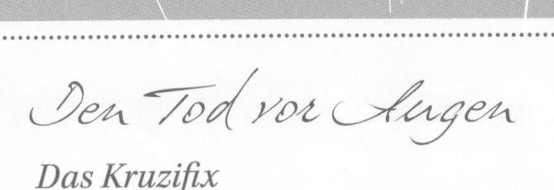

Das Kruzifix

Ein Domherr lag im Sterben. Er war als großer und einflussreicher Kunstexperte bekannt, schließlich hatte er in diesem Fach seinen Doktortitel „summa cum laude" erworben. Als der Bischof und die versammelten anderen Domherren erkannt hatten, dass sein Ende nahe ist, versuchten sie ihn zu trösten. Einer hielt ihm darum ein Kruzifix vor die Augen. Der Domherr schwieg einige Zeit, atmete schwer und sagte endlich mit ersterbender Stimme: „Nicht kaufen! Spätbarock. Schlechte Arbeit."

Als Jesus näher kam und Jerusalem sah, weinte er über sie und sagte: Wenn doch auch du an diesem Tag erkannt hättest, was Frieden bringt. Jetzt aber ist es vor deinen Augen verborgen. Denn es werden Tage über dich kommen, in denen deine Feinde rings um dich einen Wall aufwerfen, dich einschließen und von allen Seiten bedrängen. Sie werden dich und deine Kinder zerschmettern und keinen Stein in dir auf dem andern lassen, weil du die Zeit deiner Heimsuchung nicht erkannt hast.

Lk 19,41–44

Zeit, sich etwas zu gönnen

Alles ist Gnade

Zwei Nonnen bekamen beim Einkauf im Supermarkt Lust auf Bier, das es im Kloster sehr selten gab. Also legten sie zwei Sixpacks in den Einkaufswagen und freuten sich auf ein kühles Bier am warmen Sommerabend im Garten. Doch es kamen ihnen auf dem Weg zur Kasse Bedenken. In der Tat: Die Kassiererin war überrascht, als sie das Bier auf dem Laufband bemerkte. Da sagte die eine Schwester: „Wir benötigen das Bier für die Pflege unserer Haare." Die Kassiererin schmunzelte, griff unter die Kasse und legte eine Packung Salzstangen dazu: „Heute ist ein besonderer Tag: Die Lockenwickler gibt es gratis dazu."

Jesus blickte auf und sah, wie die Reichen ihre Gaben in den Opferkasten legten. Er sah aber auch eine arme Witwe, die dort zwei kleine Münzen hineinwarf. Da sagte er: Wahrhaftig, ich sage euch: Diese arme Witwe hat mehr hineingeworfen als alle anderen. Denn sie alle haben nur etwas von ihrem Überfluss hineingeworfen; diese Frau aber, der es am Nötigsten mangelt, hat ihren ganzen Lebensunterhalt hergegeben. **Lk 21,1–4**

Ungestört sein

Opferstock und Orgel

Zwei Spinnen begegnen sich in einer Dorfkirche. Die eine jammert: „Ich hause in der Orgel. Dort habe ich mein Netz aufgespannt. Aber dieser Durchzug ist einfach schrecklich, keine Fliege geht ins Netz. Und das ewige Pfeifen nervt!" Sagt die andere Spinne: „Ich habe es im Opferstock viel besser. Dort lebe ich völlig ungestört."

Jesus sagte:
Himmel und Erde werden vergehen, aber meine Worte werden nicht vergehen. Nehmt euch in Acht, dass Rausch und Trunkenheit und die Sorgen des Alltags euer Herz nicht beschweren und dass jener Tag euch nicht plötzlich überrascht. Wacht und betet allezeit, damit ihr allem, was geschehen wird, entrinnen und vor den Menschensohn hintreten könnt! **Lk 21,33–34.36**

Wer muss sich schämen?

Zwei Brüder

Ein Pfarrer, der sich als sehr untadelig fühlte und sich auch ständig vor seiner Gemeinde aufführte, hatte einen Bruder, der dem Alkohol verfallen war. Bei jeder Gelegenheit sagte er zu ihm: „Schämst du dich nicht! Du bringst mich und unsere ganze Familie in Verruf." Dem wurde es eines Tages zu bunt und er erwiderte seinem hochwürdigen Bruder: „Warum soll ich mich schämen? Ich kann überall erzählen, mein Bruder ist ein angesehener Pfarrer. Aber du …? Du musst dich doch schämen!"

Was wir wissen, davon reden wir, und was wir gesehen haben, das bezeugen wir und doch nehmt ihr unser Zeugnis nicht an. Wenn ich zu euch über irdische Dinge gesprochen habe und ihr nicht glaubt, wie werdet ihr glauben, wenn ich zu euch über himmlische Dinge spreche? Und niemand ist in den Himmel hinaufgestiegen außer dem, der vom Himmel herabgestiegen ist: der Menschensohn. **Joh 3,11–13**

Gottesdienst feiern

Leere Bänke

Ein Pfarrer hatte die schlechte Angewohnheit, fast bei jedem Sonntagsgottesdienst erst einmal auf die Christen zu schimpfen, die nicht zum Sonntagsgottesdienst gekommen waren und für leere Bänke sorgten. Das nervte die Gläubigen, die den Gottesdienst mitfeiern wollten. Bis eines Sonntags ein mutiger aufstand, den Pfarrer bei seinem Schimpfen unterbrach, und sagte: „Wie wäre es, wenn Sie, statt die leeren Bänke zu beschimpfen, uns alle, die wir gekommen sind, freundlich begrüßten?"

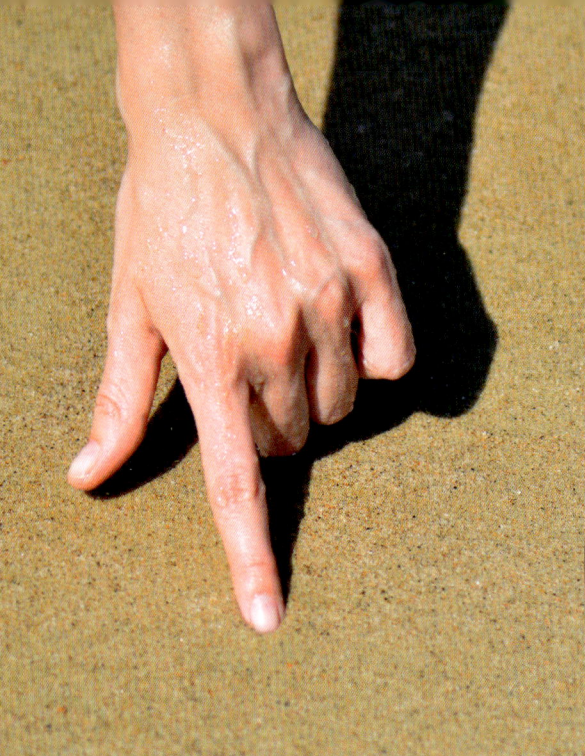

Jesus aber bückte sich und schrieb mit dem Finger auf die Erde. Als sie hartnäckig weiterfragten, richtete er sich auf und sagte zu ihnen: Wer von euch ohne Sünde ist, werfe als Erster einen Stein auf sie.
Joh 8,6–8

Auf dem Boden bleiben

Gott im Staub

Die Menschen wunderten sich, wenn sie dem Alten begegneten. Bevor sie ihm die Hand reichen konnten, berührte er den Boden, als ob er dort etwas suche. Sie fragten nach dem Grund seines seltsamen Verhaltens. Er sagte: „Wenn zwei Menschen sich begegnen,
liegt Gott vor ihnen im Staub. Je nachdem, wie die Begegnung ausgeht, freundlich oder feindlich, kann er sich aufrichten oder wird tiefer in den Staub getreten."

Jesus sagte: Ihr habt gehört, dass ich zu euch sagte: Ich gehe fort und komme wieder zu euch. Wenn ihr mich liebtet, würdet ihr euch freuen, dass ich zum Vater gehe; denn der Vater ist größer als ich. Jetzt schon habe ich es euch gesagt, bevor es geschieht, damit ihr, wenn es geschieht, zum Glauben kommt. Ich werde nicht mehr viel zu euch sagen; denn es kommt der Herrscher der Welt. Über mich hat er keine Macht, aber die Welt soll erkennen, dass ich den Vater liebe und so handle, wie es mir der Vater aufgetragen hat. Steht auf, wir wollen von hier weggehen! **Joh 14,28–31**

Manches ist überflüssig

Pfeiler der Religion

Eines Tages brach eine große Verfolgung aus, die sich gegen die Religion richtete. Die vier Pfeiler der Religion, die Heilige Schrift, die Liturgie, die Nächstenliebe und die Institution, machten sich auf zu Gott. „Es soll alles zerstört werden, was wir in Jahrtausenden aufgebaut haben", ergriff die Institution das Wort. „Keine Sorge", antwortete Gott, „ich werde den Retter auf die Erde senden, der weit größer ist als ihr zusammen. Er wird die Menschen und die Welt retten." „Wer ist es", fragte die Institution, „damit ich alles entsprechend planen kann?" Gott lächelte: „Jesus wird kommen. Er wird die Heilige Schrift wieder zu meinem Wort machen, die Liturgie zum Dienst, die Nächstenliebe zur Selbstverständlichkeit." „Und ich?", fragte die Institution. Gott lächelte wieder: „Du bist dann überflüssig."

Jesus betete einmal:
Vater, ich bitte nicht nur für diese hier, sondern auch für alle, die durch ihr Wort an mich glauben. Alle sollen eins sein: Wie du, Vater, in mir bist und ich in dir bin, sollen auch sie in uns sein, damit die Welt glaubt, dass du mich gesandt hast. Und ich habe ihnen die Herrlichkeit gegeben, die du mir gegeben hast, damit sie eins sind, wie wir eins sind, ich in ihnen und du in mir. So sollen sie vollendet sein in der Einheit, damit die Welt erkennt, dass du mich gesandt hast und sie ebenso geliebt hast, wie du mich geliebt hast. **Joh 17,20–23**

Einheit wagen

Zwei Kirchen auf einer Insel

Nach einem Schiffsunglück wurde der einzige Überlebende, ein Katholik, an den Strand einer einsamen Insel gespült. Dort fand er alles, was er so zum Leben benötigte: Essen, Wasser und sogar einiges Baumaterial. Als nach Jahren ein Schiff zufällig vorbeikam und den Schiffbrüchigen fand, führte der Katholik den Kapitän stolz durch sein Inselreich, um ihm zu zeigen, was er alles geschaffen hatte. Am Ende der Führung meinte der Kapitän: „Also, es ist wirklich ein Wunder, wie du das alles hier aufgebaut hast, die Felder, die Bewässerung und alles andere. Aber was ich mich frage, ist, warum hast du zwei Kirchen gebaut?" Da meinte der Schiffbrüchige: „Siehst du, in der einen, der katholischen Kirche, halte ich meine Gottesdienste, und die andere ist die evangelische, in die ich niemals reingehen würde."

Quellenverzeichnis

Fotos:

Die Angaben folgen der Bildreihenfolge des Aufstellbuchs.
Cover: © Alekss/Fotolia; Fondmotive: © Okvov/Shutterstock; © Morozova Olga/Shutterstock; © Aygun Aliyeva/Shutterstock; 1: © yra1111/Fotolia; 2: © Marco2811/Fotolia; 3: © Jonathan Stutz/Fotolia; 4: © Elnur/Shutterstock; 5: © .shock/Fotolia; 6: © Mykola Mazuryk/Fotolia; 7: © eliaskordelakos/Fotolia; 8: © Wang LiQiang/Shutterstock; 9: © optimarc/Shutterstock; 10: © Sea Wave/Shutterstock; 11: © del.Monaco/Shutterstock; 12: © Wesley Cowpar/Shutterstock; 13: © larygin Andrii/Fotolia; 14: © szefei/Shutterstock; 15: © wvita/Fotolia; 16: © vblinov/Shutterstock; 17: © Marco2811/Fotolia; 18: © gentelmenit/Fotolia; 19: © Юрий Красильников/Fotolia; 20: © nevio3/Fotolia; 21: © iMTEDDY/Shutterstock; 22: © Delphimages/Fotolia; 23: © Alexander Ozerov/Fotolia; 24: © Grischa Georgiew/Fotolia; 25: © PANORAMO/Fotolia; 26: © karandaev/Fotolia; 27: © Marzanna Syncerz/Fotolia; 28: © TTstudio/Fotolia; 29: © mountain_inside/Fotolia; 30: © Rachata Sinthopachakul/Shutterstock; 31: © Nikola Spasenoski/Shutterstock; 32: © anyaberkut/Fotolia; 33: © Dave Head/Shutterstock; 34: © yurybirukov/Fotolia; 35: © smereka/Shutterstock; 36: © KieferPix/Shutterstock; 37: © erainbow/Fotolia; 38: © Mammut Vision/Fotolia; 39: © tazzymoto/Fotolia; 40: © Joe Gough/Fotolia; 41: © iofoto/Fotolia; 42: © Smileus/Shutterstock; 43: © WDG Photo/Fotolia; 44: © kirill4mula/Fotolia; 45: © Reddogs/Fotolia; 46: © David M. Schrader/Shutterstock; 47: © Kanuman/Fotolia; 48: © Кристина Тримайлова/Fotolia; 49: © Roberaten/Shutterstock; 50: © mimadeo/Fotolia

Alle Bibeltexte:

Einheitsübersetzung der Heiligen Schrift, vollständig durchgesehene und überarbeitete Ausgabe
© 2016 Katholische Bibelanstalt GmbH, Stuttgart
Alle Rechte vorbehalten.

Bibliografische Information der Deutschen Nationalbibliothek
Die Deutsche Nationalbibliothek verzeichnet diese Publikation in der Deutschen Nationalbibliografie; detaillierte bibliografische Daten sind im Internet über http://dnb.d-nb.de abrufbar.

Besuchen Sie uns im Internet:
www.st-benno.de

Gern informieren wir Sie unverbindlich und aktuell auch in unserem Newsletter zum Verlagsprogramm, zu Neuerscheinungen und Aktionen. Einfach anmelden unter www.st-benno.de

ISBN 978-3-7462-5228-5

© St. Benno Verlag GmbH, Leipzig
Umschlaggestaltung: Rungwerth Design, Düsseldorf
Gesamtherstellung: Arnold & Domnick, Leipzig (A)